# Ortografía correcta del alemán

Escuela de Idiomas De Vecchi

# ORTOGRAFÍA CORRECTA DEL ALEMÁN

A pesar de haber puesto el máximo cuidado en la redacción de esta obra, el autor o el editor no pueden en modo alguno responsabilizarse por las informaciones (fórmulas, recetas, técnicas, etc.) vertidas en el texto. Se aconseja, en el caso de problemas específicos —a menudo únicos— de cada lector en particular, que se consulte con una persona cualificada para obtener las informaciones más completas, más exactas y lo más actualizadas posible. EDITORIAL DE VECCHI, S. A. U.

De Vecchi Ediciones participa en la plataforma digital **zonaebooks.com**
Desde su página web (www.zonaebooks.com) podrá descargarse todas las obras de nuestro catálogo disponibles en este formato.

© Editorial De Vecchi, S. A. 2019
© [2019] Confidential Concepts International Ltd., Ireland
Subsidiary company of Confidential Concepts Inc, USA
ISBN: 978-1-64461-384-9

El Código Penal vigente dispone: «Será castigado con la pena de prisión de seis meses a dos años o de multa de seis a veinticuatro meses quien, con ánimo de lucro y en perjuicio de tercero, reproduzca, plagie, distribuya o comunique públicamente, en todo o en parte, una obra literaria, artística o científica, o su transformación, interpretación o ejecución artística fijada en cualquier tipo de soporte o comunicada a través de cualquier medio, sin la autorización de los titulares de los correspondientes derechos de propiedad intelectual o de sus cesionarios. La misma pena se impondrá a quien intencionadamente importe, exporte o almacene ejemplares de dichas obras o producciones o ejecuciones sin la referida autorización». (Artículo 270)

# Índice

Introducción. . . . . . . . . . . . . . . . . . . . . . . . . . . . 9

Vocales . . . . . . . . . . . . . . . . . . . . . . . . . . . . . . . 11
Vocales modificadas. . . . . . . . . . . . . . . . . . . . . 11
Vocales cortas y largas. . . . . . . . . . . . . . . . . . . 12
    Vocales largas . . . . . . . . . . . . . . . . . . . . . . 12
    Vocales cortas. . . . . . . . . . . . . . . . . . . . . . 13
Nuevas reglas: cambios vocálicos . . . . . . . . . . . 14
Letras dobles . . . . . . . . . . . . . . . . . . . . . . . . . 15
Diptongos. . . . . . . . . . . . . . . . . . . . . . . . . . . . 15

Consonantes. . . . . . . . . . . . . . . . . . . . . . . . . . 17
La s en alemán . . . . . . . . . . . . . . . . . . . . . . . 24
    La ß después de vocal larga . . . . . . . . . . . 24
    La s sonora . . . . . . . . . . . . . . . . . . . . . . . 25
    La ss después de vocal corta . . . . . . . . . . . 25
    Nuevas reglas . . . . . . . . . . . . . . . . . . . . . . 27
Letras dobles . . . . . . . . . . . . . . . . . . . . . . . . . 28
    Nuevas reglas . . . . . . . . . . . . . . . . . . . . . . 28

División silábica de palabras . . . . . . . . . . . . . . 31

| | |
|---|---|
| ACENTUACIÓN | 33 |
| Sílabas tónicas | 33 |
| Acentuación | 33 |
| | |
| GENITIVO SAJÓN | 35 |
| Genitivo de los nombres propios | 35 |
| | |
| PUNTUACIÓN | 37 |
| | |
| USO DE LAS MAYÚSCULAS Y LAS MINÚSCULAS | 41 |
| Sustantivos y palabras sustantivadas | 41 |
| Títulos y nombres | 47 |
| Mayúsculas y minúsculas en función de la puntuación | 49 |
|    Punto | 49 |
|    Dos puntos | 49 |
|    Comillas | 50 |
|    Paréntesis | 50 |
|    Raya o guión largo | 51 |
|    Puntos suspensivos | 51 |
|    Apóstrofo | 51 |
|    Letras aisladas, siglas y abreviaturas | 52 |
| Diferencias en el uso de las mayúsculas entre el alemán y el español | 52 |
| Nuevas reglas: mayúsculas | 55 |
| | |
| PALABRAS COMPUESTAS | 57 |
| | |
| ADJETIVOS NUMERALES | 59 |
| Adjetivos numerales cardinales | 59 |
|    Las decenas | 59 |
|    Las centenas | 60 |
|    Los millares | 60 |

| | |
|---|---|
| Algunas excepciones | 61 |
| Adjetivos numerales ordinales | 61 |
| Fracciones | 63 |
| CONTRACCIÓN DE ARTÍCULO MÁS PREPOSICIÓN | 65 |
| PRÉSTAMOS Y PALABRAS EXTRANJERAS EN ALEMÁN | 67 |
| Ejemplos con neologismos | 69 |
| Nuevas reglas: préstamos | 69 |
| LA LENGUA LITERARIA, LA LENGUA HABLADA Y LOS DIALECTOS | 71 |
| EL DISCURSO INDIRECTO | 73 |
| ANEXOS | 77 |
| Formación de sustantivos | 77 |
| El sufijo *-ung* | 77 |
| El sufijo *-keit (-heit)* | 78 |
| El sufijo *-e* | 78 |
| El sufijo *-schaft* | 79 |
| Los sufijos *-lein* y *-chen* | 80 |
| El sufijo *-ion* | 80 |
| Sustantivos especiales | 81 |
| Formación de adjetivos | 83 |
| El sufijo *-lich* | 83 |
| El sufijo *-isch* | 83 |
| El sufijo *-ig* | 84 |
| El sufijo *-bar* | 84 |
| El sufijo *-mäßig* | 84 |
| El sufijo *-haft* | 85 |
| Adjetivos compuestos | 85 |
| Formación de adverbios | 86 |

Nombres geográficos . . . . . . . . . . . . . . . . . . . . . . . . 87
Nombres de ciudad. . . . . . . . . . . . . . . . . . . . . . . . . 91
Falsos amigos . . . . . . . . . . . . . . . . . . . . . . . . . . . . . 92

# Introducción

El lenguaje es la base de todo conocimiento. En todos los pueblos y culturas, el hombre ha incorporado, en un momento dado de su evolución, un sistema coherente de signos más o menos complejos que le ha permitido comunicarse con sus semejantes.

En un primer momento, el hombre pudo conceder un nombre a los seres y los objetos que le rodeaban mediante el lenguaje. Más adelante, el hecho de conocer el nombre de las cosas le permitió intercambiar informaciones acerca de ellas, lo que le sirvió para desarrollar un *pensamiento abstracto*. El saber adquirido pudo fijarse, perpetuarse y enriquecerse hasta el infinito, lo que dio paso a la elaboración de las ciencias, las técnicas, las artes... o, para resumirlo en una única palabra, la *civilización*.

En la actualidad, basta con mirar alrededor para ser conscientes de la preponderancia de la escritura en la civilización occidental. Ni la aparición de la tecnología audiovisual ni la llegada de la informática han cambiado las cosas. De hecho, los faxes, los módems, las impresoras, los procesadores de textos y el *software* de reconocimiento vocal han perfeccionado la venerable pluma estilográfica y han confirmado la supremacía de la escritura.

En esta época de comunicación resulta fundamental poseer un conocimiento perfecto de la escritura de diversas lenguas, entre ellas la alemana, para poder transmitir informaciones de la forma más clara y precisa posible (redactar un informe, escribir una carta administrativa, etcétera).

Esta obra tiene un objetivo claro: proponer al lector las grandes reglas ortográficas del alemán y los principios fundamentales para la correcta redacción de un texto, independientemente de su naturaleza (misiva, noticia técnica, discurso, narración...).

Esta obra se dirige a aquellas personas que hasta ahora no han podido o no han querido profundizar en los estudios de lengua alemana y desean enriquecerlos, a aquellos que ya poseen conocimientos de alemán y desean fijar ciertas reglas o disipar determinadas dudas, y a todos aquellos que, simplemente, sienten curiosidad y amor por este idioma y su escritura. Todos ellos encontrarán las respuestas a sus preguntas en estas páginas.

EL EDITOR

# Vocales

La lengua alemana posee cinco vocales básicas (*a, e, i, o, u*) y otros tres sonidos vocálicos que se obtienen modificando la emisión de alguna de ellas. En general, las vocales pueden pronunciarse de forma corta o larga.

## Vocales modificadas

Las vocales *a, o, u* pueden sufrir una inflexión en su sonido que se conoce con el nombre de *Umlaut* y queda reflejada en la grafía. Todas ellas pueden emitirse de manera corta o larga:

**ä** Se corresponde a la letra e abierta.

> Ej.: *Kälte*  *Bär*
>     frío    oso

**ö** Se corresponde con el sonido francés *eu (fleur)*.

> Ej.: *Söhne*  *Wörter*
>     hijos    palabras

**ü** Se corresponde con la letra *u* del francés *(tu)*.

*Ej.: Tür    müde*
    puerta  cansado

La diéresis sobre las vocales comporta una modificación sustancial de la pronunciación respecto a las vocales puras de partida.

Cuando las máquinas de escribir o los ordenadores no permitían colocar la diéresis, era posible sustituirla por *ae, oe, ue*; de ahí que dichas grafías puedan encontrarse aún en documentos antiguos. Sin embargo, hoy en día ya no se plantea este problema.

## Vocales cortas y largas

En alemán encontramos vocales largas, que normalmente son cerradas, y vocales breves, que son siempre abiertas. El que pertenezcan a uno u otro grupo dependerá de la posición que ocupen en la palabra.

### Vocales largas

Una vocal será larga:

*a)* Cuando se halle en una sílaba abierta acentuada.

*Ej.: Name    Blume*
    nombre  flor

*b)* Si se encuentra en una sílaba acentuada y cerrada por una sola consonante.

*Ej.: Tag      Rad*
   día      rueda

c) Si precede a una *h* muda, que suele ir seguida de *l, n* y *r*.

*Ej.: Stuhl     Sohn      mehr*
   silla     hijo      más

d) Si figura duplicada (sólo sucede con las vocales *a, e, o*).

*Ej.: Haar     Teer        Moor*
   pelo     alquitrán   pantano

e) Si precede a *ß* seguida de otra vocal.

*Ej.: Straße    mäßig*
   calle     moderado

La *i* larga alemana aparece escrita bajo la forma *ie*: *Liebe* (amor). No obstante, debemos considerar algunas excepciones: *mir, dir, wir, ihr, ihn, ihnen, er gibt, wider, Augenlid*.

Tampoco se escribirán con *ie* las palabras de origen extranjero, tales como *Maschine* (máquina), *Musik* (música), *Fabrik* (fábrica), aunque sí deberá respetarse esta grafía en aquellas otras palabras que acaben en *-ie*, *-ier* e *-ieren*: *Infanterie* (infantería), *studieren* (estudiar), *Offizier* (oficial).

**Vocales cortas**

La vocal es corta:

*a)* Cuando va seguida de dos consonantes iguales.

*Ej.: immer     Suppe     Mutter*
   siempre     sopa       madre

*b)* Cuando se halla en una sílaba acentuada seguida de dos consonantes diferentes.

*Ej.: Herz      Kind      Holz*
   corazón     niño      madera

La vocal e se pronuncia de manera relajada en los siguientes casos:

*a)* Cuando se encuentra en la última sílaba: -e, -en, -el.

*Ej.: Fahne     leben     Engel*
   bandera    vivir     ángel

*b)* En prefijos átonos como *be-, ge-, ver-, zer-*.

*Ej.: bekommen   gemacht    vergessen   zerstören*
   recibir     fabricado  olvidar     destruir

## Nuevas reglas: cambios vocálicos

La reforma de la ortografía alemana de 1996 introdujo algunos cambios que afectaron a las vocales.

Es significativa la sustitución de *ä* por e, o viceversa, con la finalidad de mantener la coherencia entre las palabras de la misma familia; por ejemplo, *Stengel* en lugar de *Stängel* (tallo).

Otros cambios tenían como objetivo eliminar un gran número de excepciones o facilitar la escritura. Por ejemplo, *rauh* se convierte en *rau* (rudo, tosco) para conseguir cierta coherencia con palabras como *blau*, *grau*, *genau* (azul, gris, exacto).

## Letras dobles

La duplicación de las vocales sirve para alargar los sonidos de estas, como en *Staat* (Estado), *leer* (vacío) o *Meer* (mar); mientras que la duplicación de las consonantes abrevia el sonido de las vocales precedentes: *alle* (todos), *schnell* (rápido), *Hölle* (infierno).

En el caso de la vocal *a* larga de *Staat* (Estado), sirve para distinguir esta palabra de *Stadt* (ciudad), donde la *a* se pronuncia breve.

## Diptongos

**äu** Se pronuncia *oi* con la *o* abierta.

*Ej.:* träumen  Bäume
       soñar    árboles

**au** Se pronuncia como en español.

*Ej.:* Haus   Maus
       casa   ratón

**ei** Se pronuncia *ai*.

*Ej.:* Ei      Kleid     Seite
       huevo   vestido   página

**eu** Se pronuncia *oi*.

*Ej.: Leute*     *Freude*     *Feuer*
gente     alegría     fuego

**ie** En las sílabas tónicas, se pronuncia como una *i*.

*Ej.: wieder*     *die Liebe*     *sieben*
de nuevo     el amor     siete

En las sílabas átonas, se pronuncia *ie*, tal y como se escribe.

*Ej.: Famili-e*     *Itali-en*
familia     Italia

**oi/ui** Se encuentran sólo en algunos nombres propios y en algunas interjecciones. Se pronuncian como en español.

*Ej.: Boizenburg*     *Duisburg*

# Consonantes

A continuación, veremos cómo se pronuncian las consonantes, tanto cuando están solas como cuando se combinan con otras consonantes o en relación con su posición en la palabra.

**b** A final de palabra y delante de las letras s y t se pronuncia como una p.

*Ej.: Dieb*      *er bleibt*
    ladrón      él permanece

**c** Carece del sonido dental español, pero sí posee el velar. Así, delante de e, i y ä se pronuncia como tz.

*Ej.: Cicero*      *Cäsar*
    Cicerón      César

- Pero delante de a, o, u se pronuncia como k.

*Ej.: Café*
    café

**ch** Se pronuncia de varias maneras:

- Sonido aspirado gutural, similar a la *j* española, tras *a, o, u, au*.

  Ej.: Krach   Loch     Buch    Bauch
       ruido   agujero  libro   vientre

- Sonido palatal y suave cuando va precedida de *e, i, ä, ö, ü, eu, äu, ei*, así como en las desinencias.

  Ej.: ich  Blech  krächzen  möchten  leuchten  räuchern
       yo   lata   croar     querer   brillar   ahumar

- Cuando va seguida por la letra *s* se pronuncia *ks*.

  Ej.: sechs   wachsen
       seis    crecer

- Al principio de una palabra de origen griego que comience por *cha-* o *cho-* se pronuncia *ka* o *ko*.

  Ej.: Chaos   Chor
       caos    coro

**ck** Suena como una *k*.

  Ej.: Jacke      Zucker
       chaqueta   azúcar

**d** A final de palabra y delante de las letras *s* y *t* se pronuncia *t*.

*Ej.: und      Stadt*
     y         ciudad

**g** Se pronuncia siempre como la g española seguida de las letras *a, o, u* (gasa, goma, gusto).

*Ej.: gelb      Ginster     gut       Regen*
     amarillo   retama      bueno     lluvia

• A final de palabra se pronuncia como *k*.

*Ej.: Tag*
     día

• En la terminación *-ig* tiene un sonido más suave, parecido al de *ich*.

*Ej.: König     drollig*
     rey       cómico

**gn** En la pronunciación de este grupo consonántico se separan claramente los sonidos de las letras *g* y *n*.

*Ej.: regnen    Begegnung*
     llover    encuentro

**ng** La letra compuesta *ng* forma un sonido velar y ligeramente nasal, en el cual no se oye una pronunciación propiamente dicha de cada elemento, sino que es muy similar a la pronunciación inglesa.

*Ej.: singen*
     cantar

**h** Tiene un sonido aspirado si es inicial o forma parte de palabras compuestas.

*Ej.: Haus    Bahnhof*
   casa     estación

• Es átona si se halla en medio o a final de palabra, en cuyo caso sólo sirve para alargar el sonido de la vocal o del diptongo.

*Ej.: gehen    ruhen*
   ir        descansar

• También se usa para diferenciar las palabras homófonas.

*Ej.: war    wahr        Mal    Mahl*
   era    verdadero   vez    comida

**j** Se pronuncia como la *y* española.

*Ej.: ja    Junge    Jagd    Jahr*
   sí    joven    caza    año

**pf** Se pronuncia como dos letras labiales ($p + f$). En las regiones septentrionales de Alemania tiende a pronunciarse sólo la *f*.

**ph** En palabras de origen griego se pronuncia como la *f* española.

*Ej.: Philosoph*
   filósofo

Aunque muchas palabras ya se escriben con la letra *f*: *Telefon, Elefant*, etc.

**q** No se pronuncia como en español, sino *kv*.

*Ej.: Quelle*
fuente, manantial

**r** Se pronuncia gutural a principio de sílaba y, después de consonantes, de forma semejante a la *r* francesa.

| *Ej.: rollen* | *Ware* | *schreiben* |
|---|---|---|
| rodar | mercancía | escribir |

• A final de palabra y precediendo a consonante, su sonido apenas es perceptible.

| *Ej.: für* | *hart* |
|---|---|
| para | duro |

• La sílaba final átona *-er* sonará como una *a* fuertemente vocalizada.

| *Ej.: Vater* | *Leber* | *Leder* |
|---|---|---|
| padre | hígado | cuero |

**s** Antes de una vocal, se pronuncia como una s sonora.

| *Ej.: Sonne* | *singen* | *Summe* |
|---|---|---|
| sol | cantar | suma |

**ß** Esta letra, que se llama *sz*, representa una doble s; de hecho, *ß* puede escribirse *ss* si el teclado carece de este tipo. Según la nueva reforma ortográfica, se usa sólo tras vocal o diptongo con sonido largo.

*Ej.:* *Straße*   *schließlich*
    calle    finalmente

**sch** Se pronuncia como la *x* de xilófono delante de las letras *e*, *i*.

*Ej.:* *Schal*    *Schaden*   *Schatz*
    bufanda   daño       tesoro

**sp** Se pronuncia como si fuera una *sch* delante de *p*.

*Ej.:* *sprechen*  *spät*
    hablar    tarde

**st** Se pronuncia como si fuera *sch* delante de *t*.

*Ej.:* *Stadt*   *Straße*
    ciudad   calle

**t** En las palabras de origen latino, se pronuncia *ts*.

*Ej.:* *Nation*
    nación

**tsch** Se pronuncia como la *ch* española.

*Ej.:* *Deutsch*
    alemán

**tz** Se pronuncia *ts*.

*Ej.: sitzen*
  estar sentado

**v** Se pronuncia como la *f* española.

*Ej.: Vater     Vogel*
  padre     pájaro

• Se pronuncia como la *v* italiana en las voces de origen extranjero.

*Ej.: Vase      Venedig*
  jarrón    Venecia

**w** Se pronuncia como la *v*.

*Ej.: wo*
  donde

**x** Se pronuncia como la combinación de los sonidos *k + s*.

*Ej.: Alexander    Sex*
  Alejandro    sexo

**y** Tiene un sonido a medio camino entre *ü* e *i*.

*Ej.: Yacht*
  yate

**z** Se pronuncia como *ts* en español.

*Ej.: zeigen     Zimmer*
  mostrar    habitación

## La s en alemán

En alemán existen tres clases de s:

— s sonora = s;
— s sorda = ß (después de vocal larga o diptongo);
— s sorda = ss (después de vocal corta).

## La ß después de vocal larga

De acuerdo con la reforma de la ortografía alemana de 1996, la ß *(scharfes ß)* ha dejado de utilizarse detrás de las vocales breves, y se sustituye, en este caso, por ss *(Fluss, Kuss, dass)*. Sólo se mantiene en palabras con vocales largas *(Gruß, Fuß, außen)*.

La ß se escribe después de vocal larga o diptongo, tanto en medio como a final de palabra:

Ej.: *Maß*     *Straße*
     medida     calle
     *groß*     *Floß*
     grande     balsa
     *grüßen*     *heißen*
     saludar     llamarse
     *außen*     *Strauß*
     fuera     ramo

Excepción: *aus*.

La ß se conserva en las palabras derivadas o flexionadas. Así, por ejemplo, de la palabra *Gruß* (saludo), algunas de las formas conjugadas del verbo *saludar* quedarían de la siguiente forma: *grüßen, du grüßt, er grüßt*. Otro ejemplo es *Spaß* (diversión). Algunas formas conjugadas del verbo *divertirse* serían *spaßen, du spaßt, er spaßt*.

Al conjugar algunos verbos, las vocales colocadas delante de la letra *s* pueden presentar variaciones (largas o cortas), de modo que habrá que escribir *ß* o *ss* dependiendo del caso: *fließen* se escribe *es floss, Fluss, das Floß*; *genießen* se escribe *er genoss, Genuss*; *wissen/er wusste* se escribe *er weiß*; *aß* se escribe *essen, du risst, er isst*.

Los criterios explicados no se aplican por igual en todas las zonas de habla alemana. En Suiza, por ejemplo, se sustituye siempre la *ß* por *ss*.

Ej.: *Straße      Strasse*

La *ß* no se utiliza nunca en las palabras escritas en mayúsculas.

Ej.: *Straße      STRASSE*

## La s sonora

Cuando el infinitivo de un verbo incluye una s sonora, esta debe mantenerse al conjugarlo. Así, por ejemplo *niesen* (estornudar) se conjuga de la siguiente manera: *ich niese, du niest, er niest*…

## La ss después de vocal corta

La *ss* se emplea al final o en el interior de la palabra, pero en ningún caso puede escribirse al principio.

*Ej.: Wasser*        *Pass*        *Fluss*
    agua          pasaporte    río

Cuando una palabra se escribe con ss, aquellas que se obtienen por derivación o flexión de la misma la mantienen cuando aparece detrás de vocal corta o con diéresis. Por ejemplo, de *Kuss* (beso), las formas conjugadas del verbo *besar* son: *küssen, du küsst, er küss…* En el caso de la palabra *Muss* (obligación), las formas conjugadas del verbo *deber* son: *müssen, du musst, er muss…*

La ß debe sustituirse por ss cuando al conjugar un verbo o flexionar una palabra la vocal larga pasa a ser corta. Por ejemplo, en la palabra *Schuss* (disparo) las formas conjugadas del verbo *disparar* son: *schießen, du schießt, er schießt.* Otro ejemplo es la palabra *Guss* (fundición); las formas conjugadas del verbo *fundir* son: *gießen, du gießt, er gießt…*

En los verbos cuya raíz termina en s, ss, ß, x o z, la segunda persona del singular no se forma añadiendo -st, sino -t.

*Ej.: reisen*        *du reist*
    viajar
    *hassen*       *du hasst*
    odiar
    *sitzen*        *du sitzt*
    estar sentado

También se aplica este mismo criterio a la formación del superlativo a partir adjetivos terminados en -s, -ss, -ß, -x o -z.

*Ej.: groß*          *größer*       *größte*
    grande       mayor        el más grande

El plural de las palabras que incluyen el sufijo *-nis* se forma con el sufijo *-nisse*.

*Ej.: das Erlaubnis*    *die Erlaubnisse*
   el permiso    los permisos
   *das Zeugnis*    *die Zeugnisse*
   el certificado    los certificados

Conviene tener presente que debe escribirse siempre con ss el prefijo *miss-*.

*Ej.: Missachtung*
   desprecio
   *missbrauchen*
   abusar de
   *Missbilligung*
   desaprobación

También se escribe siempre con ss la conjunción *dass* (que).

*Ej.: Ich hoffe, dass du jetzt mehr verstehst.*
   Espero que ahora entiendas más.

Respecto a la escritura de los nombres propios, no existe ninguna regla para determinar cuándo debe ponerse ss o ß.

## Nuevas reglas

En resumen, las actuales reglas de la ortografía alemana establecen que:

*a)* La ß:

— se escribe después de vocales largas, diptongos o vocales modificadas (con diéresis);
— no puede escribirse al inicio de palabra;
— puede ocupar la última posición en la palabra.

*b)* La ss:

— se escribe únicamente detrás de vocales cortas;
— no puede escribirse a principio de palabra;
— puede ocupar la última posición en la palabra.

*c)* La s:

— se escribe después de vocales largas o diptongos;
— es la única que puede escribirse al inicio de palabra.

## Letras dobles

La pronunciación de las consonantes dobles es prácticamente inexistente. La duplicación sólo tiene sentido para abreviar la vocal precedente.

*Ej.: kommen   retten*
    venir     salvar

## Nuevas reglas

Para mantener la consonancia con los plurales, se mantienen las consonantes dobles incluso a final de palabra.

*Ej.:* As → Ass, porque el plural es *Asse* (as, ases)

La norma ortográfica actual ya no establece que las consonantes triples se reduzcan a dobles.

*Ej.: Schiffahrt* → *Schifffahrt* de *Schiff* + *Fahrt* (viaje en barco)

# División silábica de palabras

En general, la división silábica en alemán es parecida al español, pero con ciertas variaciones.

*a*) En las palabras compuestas, así como en las de origen extranjero, naturalmente hay que tener presente la composición.

   *Ej.: auf-wachen   Mikro-skop*
      despertarse  microscopio

*b*) Una consonante simple que sigue a una vocal forma parte de la sílaba siguiente.

   *Ej.: le-sen*
      leer

*c*) Si entre dos vocales hay dos o más consonantes, sólo la última de ellas se une a la segunda vocal.

   *Ej.: Hil-fe*
      ayuda

*d)* Las combinaciones *ch, sch, ph, th, ss* y *tsch* son inseparables y forman sílaba con la vocal siguiente.

*Ej.: wa-schen    Stra-ße*
    lavar      calle

e) El grupo *pf* se separa después de vocal, pero es inseparable precedido de consonante.

*Ej.: klop-fen*
    llamar

*f)* El grupo *ck* no puede descomponerse nunca.

*Ej.: Brücke*
    puente

g) El grupo *st* no puede separarse.

*Ej.: studieren*
    estudiar

# Acentuación

## Sílabas tónicas

A diferencia de lo que ocurre en español y en otras lenguas, en alemán el acento tónico cae siempre sobre la primera sílaba de la raíz. Así pues, el acento no se mueve, tal y como sucede en otras lenguas. A continuación, indicamos algunas palabras a las que hemos añadido, para que se vea claramente, la representación gráfica de una sílaba tónica:

| wòhnen | Wòhnung | Wòhnhaus | wòhnlich | Wòhnungsbau |
|---|---|---|---|---|
| vivir | habitación | vivienda | cómodo | construcción habitada |

## Acentuación

La falta de acentos ortográficos que indiquen la sílaba tónica de cada palabra puede constituir, en principio, una dificultad para quien se dispone a aprender alemán. Si bien es cierto que una correcta entonación sólo puede conseguirse a base de constancia y práctica, existen unas reglas que conviene respetar desde el primer momento y que nos ayudarán a lograr nuestro propósito:

• Las palabras simples de dos o más sílabas constan de raíz y de una o más sílabas secundarias, las cuales pueden ser prefijos o sufijos. En estas palabras el acento tónico recae en la raíz.

• En aquellas palabras en las que aparece el prefijo *ant-*, siempre es este el que recibe el acento tónico. Lo mismo ocurre en el caso de los sufijos *-ei, -eien, -ieren, -ie* en palabras de origen extranjero.

• En las palabras compuestas el acento recae en la raíz de la primera palabra; sin embargo, en algunos casos el acento tónico recae en la sílaba radical de la segunda palabra, que es la determinante.

# Genitivo sajón

El genitivo sajón indica una relación de pertenencia o posesión. Consiste en anteponer el genitivo del nombre personal (el poseedor) al sustantivo con el que este se relaciona.

*Ej.: Monikas Mutter ist sehr jung.*
   La madre de Mónica es muy joven.

Su uso es muy frecuente en alemán, aunque se emplea preferentemente con los nombres propios de personas y los topónimos. Como hemos visto, se trata únicamente de añadir las características de los genitivos al nombre personal.

## Genitivo de los nombres propios

El genitivo precede siempre al sustantivo al que se refiere. La desinencia del genitivo singular es -s. Los títulos y nombres que preceden a los apellidos son invariables.

*Ej.: Eloy Martins Maschine landet pünktlich.*
   El avión de Eloy Martín aterriza puntualmente.

Con frecuencia, el genitivo se forma con la preposición *von* más un dativo (en particular, con los sustantivos que acaban en -s y -z, en los cuales la desinencia del genitivo no puede identificarse).

*Ej.: Die Maschine von Eloy Martin landet pünktlich.*
El avión de Eloy Martín aterriza puntualmente.

*Der Wagen von Fritz ist neu.*
El coche de Fritz es nuevo.

*Der Kollege von Hans heißt Rainer.*
El amigo de Hans se llama Rainer.

# Puntuación

La puntuación, en un tiempo muy rígida en alemán, fue modificada en la última reforma ortográfica del 1 de julio de 1996. Ahora se permite más libertad para introducir u omitir la coma. La regla fundamental es que la puntuación debe ayudar a hacer la lectura más comprensible y transparente. Veamos algunas reglas generales.

1. La coma no se introduce entre dos oraciones principales.

   *Ej.: Er hatte kein Geld und seine Frau machte ihm das Leben schwer.*
   Él no tenía dinero y su mujer le hacía la vida imposible.

2. La coma se introduce:

- Entre una oración principal y una subordinada.

   *Ej.: Man erwartet, dass der Minister endlich Stellung nimmt.*
   Se esperó a que finalmente el ministro tomara posición.

- Entre diversas oraciones subordinadas.

    *Ej.: Der Hund, den ihr gefunden habt, gehört mir, weil ich ihn gekauft habe.*
    El perro que os encontrasteis me pertenece porque yo lo he comprado.

- En las enumeraciones.

    *Ej.: Die Schuhe, Kleider, Strümpfe, Pullover könnten wir in die Sammlung geben.*
    Podríamos dar los zapatos, vestidos, calcetines y jerséis a la beneficencia.

- Delante de todas las construcciones de infinitivo.

    *Ej.: Sie hoffen, in einigen Wochen wieder reisen zu können.*
    Esperan poder viajar nuevamente pasadas algunas semanas.

- Delante de todas las construcciones de infinitivo con *um… zu* (para), *ohne… zu* (sin), *anstatt… zu* (en vez de).

    *Ej.: Er schloss die Diskussion ab, ohne weitere Fragen abzuwarten.*
    Terminó la discusión sin atender ninguna pregunta.

3. Se encierran entre dos comas:

- Las frases de relativo.

    *Ej.: Das Obst, das ich gestern gekauft habe, war nicht frisch.*
    La fruta que compré ayer no era fresca.

- Las aposiciones.

  > Ej.: *Der Nil, der zweitlängste Fluss der Welt, fließt ins Mittelmeer.*
  > El Nilo, el segundo río más largo del mundo, desemboca en el mar Mediterráneo.

- Las frases con participio.

  > Ej.: *Wir konnten, vom langen Reden ermüdet, kaum die Augen offen halten.*
  > Después de tanto hablar, nos costaba mantener los ojos abiertos.

4. No se ponen comas:

- Entre proposiciones no completas unidas por *und* (y) u *oder* (o).

  > Ej.: *Sie gähnten laut und hielten sich nicht die Hand vor den Mund.*
  > Bostezaron ruidosamente y no se llevaron la mano delante de la boca.

- Entre proposiciones subordinadas del mismo nivel, unidas con *und* (y) u *oder* (o).

  > Ej.: *Er blieb längere Zeit weg, weil sie ihn nicht beachtete und einen anderen anschaute.*
  > Se mantuvo durante más tiempo alejado, ya que ella no le hizo caso y miró a otro.

- Tampoco se ponen comas en las construcciones de infinitivo simple.

   *Ej.: Sie vergaßen zu kommen.*
      Ellos se olvidaron de venir.

# Uso de las mayúsculas y las minúsculas

## Sustantivos y palabras sustantivadas

1. Se escriben con mayúscula:

*a)* Todos los sustantivos, comunes o propios, concretos o abstractos.

> *Ej.: die Frau*    la mujer
> *das Kind*    el niño
> *der Vater*    el padre
> *das Pferd*    el caballo
> *Berlin*    Berlín
> *Goethe*    Goethe

*b)* La primera palabra, aunque no sea un sustantivo, de los compuestos cuyos elementos se unen mediante un guión.

> *Ej.: Schwimm-Meisterschaft*    campeonato de natación
> *Martín-Luhter-Strasse*    calle de Martín Lutero
> *Amerika-freundlich*    aliado de América
> *Pro-forma-Rechnung*    factura proforma
> *Max-Frisch-Stiftung*    Fundación Max Frisch

c) Las palabras que expresan las diferentes partes del día cuando se escriben detrás de los adverbios *gestern* (ayer), *heute* (hoy), *morgen* (mañana) y sus derivados.

> *Ej.: vorgestern Nacht* anteayer por la noche
> *gestern Abend* ayer por la tarde
> *heute Morgen* hoy por la mañana / esta mañana
> *morgen Nachmittag* mañana después de comer

d) Los adjetivos y participios sustantivados, es decir, cuando van precedidos de un artículo o un pronombre indeterminado *(alles, etwas, nichts, viel, wenig)*. También cuando forman parte de palabras no declinables referidas a personas.

> *Ej.: das Gute* lo bueno
> *etwas Schwieriges* algo complicado
> *nichts Wichtiges* nada importante
> *das Schlechte* lo peor

e) Los pronombres sustantivados, que suelen ir acompañados de artículo.

> *Ej.: ein gewisser Jemand* cierta persona

f) Los tratamientos de cortesía *Sie* e *Ihr*.

> *Ej.: Gehen Sie jetzt nach Hause?*
> ¿Se marcha a casa?
>
> *Darf ich Ihnen helfen?*
> ¿Puedo ayudarle?

g) Los adverbios, preposiciones, conjunciones e interjecciones sustantivados.

> Ej.: *Sie lebt nur im Heute.*
> Ella sólo vive el momento.
>
> *Wir müssen das Für und Wider abwägen.*
> Tenemos que sopesar los pros y los contras.

h) Los infinitivos sustantivados, es decir, precedidos de artículo, preposición u otro determinante.

> Ej.: *das Lesen* — la lectura
> *das Schreiben* — la escritura
> *Er ist beim Essen.* — Él está comiendo.

2. Se escriben con minúscula:

a) Los derivados de los sustantivos (adjetivos, adverbios, preposiciones, pronombres indefinidos y numerales).

> Ej.: *abends* — por las tardes
> *morgens* — por las mañanas
> *sonntags* — todos los domingos
> *mir ist angst.* — Tengo miedo.
> *ein bisschen Tee* — un poco de té

b) Los prefijos verbales derivados de sustantivos, incluso separados del verbo.

> Ej.: *anrufen → ich rufe Petra an.*
> llamar por teléfono → Llamo a Petra.

c) Los adjetivos y participios sustantivados cuando forman expresiones adverbiales al ir precedidos de preposición sin artículo.

*Ej.: von nahem*            de cerca
    *ohne weiteres*        sin más
    *über kurz oder lang*   a corto o largo plazo

d) Los adjetivos y participios acompañados de artículo y que son atributo de un sustantivo.

*Ej.: Das rote ist mein Haus.*
    Mi casa es la roja.

    *Sie war die schönste und klügste.*
    Era la más bella e inteligente.

    *Mir gefallen alle Autos. Besonders mag ich die Cabrios.*
    Me gustan todos los coches. Sobre todo los descapotables.

e) Los superlativos precedidos de la partícula *am* que responden a la pregunta ¿cómo?

*Ej.: Dieses Kind ist am klügsten.*
    Ese niño es el más inteligente.

f) El pronombre reflexivo *sich* y todas sus variantes.

*Ej.: Er muss sich beeilen.*
    Debe darse prisa.

    *Ich freue mich, dass du kommst.*
    Me alegro de que vengas.

3. Pueden escribirse con mayúscula o minúscula:

a) Las expresiones adverbiales formadas por *auf* o *auf das* + superlativo que responden a la pregunta ¿cómo?

   Ej.: *Wir müssen aufs / auf das Schlimmste gefasst sein.*
   *Wir müssen aufs / auf das schlimmste gefasst sein.*
   Debemos estar preparados para lo peor.

b) Los pronombres posesivos acompañados de artículo.

   Ej.: *jedem das seine*
   *jedem das Seine*
   a cada uno, lo suyo

c) Los infinitivos que, al no ir precedidos de artículo, preposición u otro determinante, pueden interpretarse como sustantivos o como verbos.

   Ej.: *Weil geben seliger denn nehmen ist.*
   *Weil Geben seliger denn Nehmen ist.*
   Más vale dar que recibir.

d) Las palabras *hundert*, *tausend* o *dutzend* cuando designan cantidades indeterminadas que no pueden expresarse en cifras.

   Ej.: *einige Tausend kleiner Ameisen*
   *einige tausend kleiner Ameisen*
   unos miles de pequeñas hormigas
   *Es gab Dutzende von Bewerbungen.*
   *Es gab dutzende von Bewerbungen.*
   Hubo docenas de solicitudes.

e) Los artículos indeterminados *viel, wenig, der eine, der andere* se escriben normalmente en minúscula, pero puede utilizarse la mayúscula para destacar su carácter sustantivo.

*Ej.: das Leben der anderen*
*das Leben der Anderen*
la vida de los otros

f) Los números cardinales se escriben normalmente en minúscula, excepto cuando se sustantivan para designar una cifra.

*Ej.: eine Zwei schreiben*
escribir un dos
*Der Lehrer ist schon übervierzig.*
El profesor supera ya los cuarenta años.
*die ersten zehn*
los diez primeros / los diez mejor clasificados
*die zehn Ersten*
los diez que hayan quedado en primer lugar

g) Los números ordinales y las fracciones se escriben en minúscula, excepto cuando se utilizan como sustantivos.

*Ej.: Wenn zwei sich streiten, freut sich der Dritte.*
A río revuelto, ganancia de pescadores.
*ein zehntel Kilo*
una décima de kilo
*Wir treffen uns um Viertel vor vier.*
Quedamos a las cuatro menos cuarto.
*um viertel vier*
a las cuatro y cuarto

*Jeder Dritte, der kam, trug eine Krawatte.*
De cada tres que entraban, uno llevaba corbata.

## Títulos y nombres

1. Se escribe con mayúscula:

*a)* La primera palabra del nombre de las vías públicas, así como los adjetivos y numerales del mismo.

   *Ej.: Lange Gasse*
   *Neuer Markt*
   *Prager Strasse*
   *Unter den Linden*
   *Potsdamer Platz*

*b)* Los participios, adjetivos, pronombres o numerales que ocupan la primera posición en un nombre compuesto.

   *Ej.: der Schiefe Turm von Pisa*
   la torre inclinada de Pisa
   *die Ewige Stadt*
   la Ciudad Eterna

*c)* Los adjetivos que, antepuestos a un sustantivo, dan lugar a un título, cargo, distinción de honor, festividad, hecho histórico, época o nombre científico.

   *Ej.: Regierender Bürgermeister*   alcalde en funciones
   *Weisse Nacht*   la noche blanca
   *Heiler Abend*   Nochebuena
   *der Westfälische Friede*   la Paz de Westfalia

*d)* Las palabras que, derivadas de nombres geográficos, terminan en *-er*.

*Ej.: Berliner Museen*
los museos de Berlín
*Frankfurter Zeitungen*
los periódicos de Fráncfort

2. Se escriben con minúscula:

*a)* Los adjetivos que dan lugar a grupos de palabras que no forman un nombre, aunque puedan ser considerados como tal.

*Ej.: die rote Karte*
la tarjeta roja [en el fútbol]
*der goldene Schnitt*
la sección áurea
*analytische Geometrie*
geometría analítica

*b)* Los adjetivos que, derivados de nombres geográficos, terminan en *-isch* y no forman parte de un nombre.

*Ej.: der amerikanische Traum*   el sueño americano
*die spanische paella*   la paella española

*c)* Los adjetivos que derivan de nombres de persona y no forman parte de un nombre.

*Ej.: lutherische Bibelübersetzungen*
traducciones de la Biblia de Lutero
*die rilkische Lyrik*
la lírica de Rilke

# Mayúsculas y minúsculas en función de la puntuación

## Punto

Se escribe con mayúscula la palabra que encabeza un texto y la primera después de un punto.

> *Ej.: Das Haus ist sehr schön. Die Fenster sind alle blau.*
> La casa es muy bonita. Todas las ventanas son azules.
>
> *Wenn wir durstig sind, trinken wir Wasser.*
> Cuando estamos sedientos, bebemos agua.

## Dos puntos

Se escribe con mayúscula la primera palabra después de dos puntos.

> *Ej.: Gebrauchsanweisung: Man nehme alle drei Studen eine Tablette.*
> Modo de empleo: cada tres horas se tomará una pastilla.

Pero puede escribirse con mayúscula o minúscula si los dos puntos pueden sustituirse por una raya o una coma.

> *Ej.: Das Dorf, die Stallungen, die Gebäude: Alles war total zerstört.*
> *Das Dorf, die Stallungen, die Gebäude: alles war total zerstört.*
> El pueblo, los establos, los edificios: todo estaba totalmente destruido.

En cambio, se escribe con minúscula si no encabeza una oración completa.

*Ej.: Sie hat alles gekauft: eine Bluse, zwei Jacken, drei Röcke.*
Se lo ha comprado todo: una blusa, dos chaquetas, tres faldas.

*Familienstand: geschieden.*
Estado civil: divorciado.

## Comillas

Se escribe con mayúsculas la primera palabra después de las comillas.

*Ej.: Der Lehrer sagte: "Bitte, bleiben Sie ruhig".*
El profesor dijo: «Por favor, manténganse quietos».

*Sie hat nur "Ich will nicht!" gesagt.*
Ella sólo dijo «¡No quiero!».

Pero se escribe con minúsculas si no forma parte de una oración completa.

*Ej.: Ich habe "nu" die Wahrheit gesagt.*
Yo «sólo» he dicho la verdad.

## Paréntesis

Se escribe con minúsculas la primera palabra después del paréntesis.

*Ej.: Meine Schwester (die jüngste) heiratet im August.*
Mi hermana (la menor) se casa en agosto.

**Raya o guión largo**

Se escribe con minúsculas la palabra que encabeza el texto incluido entre rayas.

*Ej.: Der Stadt —das sagt eigentlich der Bügermeister— braucht ein neues Krankehaus.*
La ciudad —eso es lo que dice el alcalde— necesita un hospital nuevo.

**Puntos suspensivos**

En una frase que comienza con puntos suspensivos se escribe con minúsculas la primera palabra.

*Ej.: … und endlich kann ich nach Hause gehen!*
… ¡Por fin me puedo ir a casa!

**Apóstrofo**

El apóstrofo se utiliza con frecuencia en alemán para señalar la elisión de una vocal. Cuando una frase comienza con apóstrofo, la primera palabra se escribe con minúscula.

*Ej.: 'ne Menge Geld habe ich gespart.*
He ahorrado un montón de dinero.

## Letras aisladas, siglas y abreviaturas

Cuando se utilizan como sustantivo, las letras aisladas se escriben en mayúscula.

*Ej.: von A bis Z*
 de la A a la Z
 *Wer A sagt, muss auch B sagen.*
 Una obligación trae la otra.

En cambio, cuando se emplean para designar a la propia letra, se escriben en minúscula.

*Ej.: das n in Deutschland*
 la *n* en la palabra alemana *Deutschland*
 *der Punkt auf dem i*
 el punto sobre la *i*

La grafía de las letras aisladas, siglas o abreviaturas, con mayúsculas o minúsculas, no cambia cuando se integran en nombres compuestos formados por elementos unidos con guión.

*Ej.: pH-Wert* valor pH
 *V-förmig* en forma de V

## Diferencias en el uso de las mayúsculas entre el alemán y el español

1. En alemán se escriben con mayúscula:

*a)* Los nombres (comunes o propios) y los adjetivos y verbos sustantivados.

*Ej.: das Pferd*    el caballo
    *die Mutter*    la madre
    *der Mann*    el hombre
    *das Essen*    la comida
    *das Beste*    lo mejor
    *die Kinder*    los niños

b) Los días de la semana, los meses y las estaciones del año.

   *Ej.: Am Montag soll ich Peter besuchen.*
     El lunes debo visitar a Peter.

     *Im Mai fahre ich nach London.*
     En mayo viajo a Londres.

     *Im Sommer will ich nach Amerika fliegen.*
     En verano quiero volar a América.

c) Los adjetivos que indican procedencia.

   *Ej.: Ich bin Brasilianer.*
     Soy brasileño.

     *Mein Freund Peter ist Mexicaner.*
     Mi amigo Pedro es mexicano.

     *Bist du Spanierin?*
     ¿Eres española?

d) Los nombres de los idiomas cuando se refieren a uno en concreto.

   *Ej.: Seit 1996 studiere ich Deutsch.*
     Estudio alemán desde 1996.

*Können Sie Italienisch?*
¿Habla usted italiano?

*Jetzt kann ich Deutsch, Spanish und Englisch.*
Sé hablar alemán, español e inglés.

e) Los tratamientos de respeto y cortesía.

*Ej.: Arbeiten Sie hier?*
¿Trabaja usted aquí?

2. Se escriben con minúscula:

a) Los nombres de los idiomas cuando son adjetivos y acompañan a un sustantivo.

*Ej.: Die deutsche Sprache.*
El idioma alemán.

*Die alte spanische Währung war die "peseta".*
La antigua moneda española era la peseta.

Excepción:

*Der Tag der Deutschen Einheit.*
El día de la Unidad Alemana.

b) Los nombres de los idiomas que acompañan a un verbo y forman parte de oraciones que responden a la pregunta ¿cómo?

*Ej.: Der Lehrer hat English gesprochen.*
El profesor habló en inglés.

*Mein Vater kann kein Deutsch. Wir sprechen immer nur Spanisch.*
Mi padre no habla alemán. Nosotros sólo hablamos en español.

## Nuevas reglas: mayúsculas

Uno de los objetivos de la reforma de la ortografía alemana de 1996 era la unificación de los criterios para el uso de las mayúsculas en los nombres. La aplicación de las nuevas normas hizo que algunas palabras que anteriormente se escribían unidas y en minúscula pasaran a escribirse separadas y con el sustantivo en mayúscula.

*Ej.: radfahren* → Rad fahren

Las nuevas reglas permiten en la actualidad escribir con mayúscula la primera palabra después de los dos puntos. En el trato de cortesía epistolar, los pronombres *du, dich, dein, ihr, euch* y *euer* pueden escribirse tanto en mayúscula como en minúscula. Sin embargo, los pronombres personales de respeto *Sie, Ihnen* e *Ihr* siempre deberán ir en mayúscula.

# Palabras compuestas

Los nombres compuestos se escriben juntos en alemán. Otras palabras, que antes de la reforma ortográfica se escribían unidas, han pasado a escribirse separadas. De este modo, se separan:

a) Los compuestos formados por un sustantivo y un verbo.

*Ej.: eislaufen → Eis laufen* (patinar sobre hielo)

b) Los verbos compuestos con un infinitivo.

*Ej.: kennenlernen → kennen lernen* (conocer por primera vez)

En otros casos, son admisibles las dos formas (unida y separada).

*Ej.: an Stelle von* o *anstelle von* (en lugar de)

La aplicación de las nuevas normas introduce a veces ligeros cambios de significado cuando, al separar una palabra, la expresión resultante coincide con otra ya existente.

*Ej.: vielversprechend* → *viel versprechend*

(literalmente significa «prometiendo mucho»; sin embargo, el significado de la primera forma es «muy prometedor», mientras que la segunda significa «que promete mucho»).

# Adjetivos numerales

## Adjetivos numerales cardinales

- 0 *null*
- 1 *eins*
- 2 *zwei*
- 3 *drei*
- 4 *vier*
- 5 *fünf*
- 6 *sechs*
- 7 *sieben*
- 8 *acht*
- 9 *neun*
- 10 *zehn*
- 11 *elf*
- 12 *zwölf*
- 13 *dreizehn*
- 14 *vierzehn*
- 15 *fünfzehn*
- 16 *sechzehn*
- 17 *siebzehn*
- 18 *achtzehn*
- 19 *neunzehn*
- 20 *zwanzig*
- 21 *einundzwanzig*
- 22 *zweiundzwanzig*
- 23 *dreiundzwanzig*
- 24 *vierundzwanzig*
- 25 *fünfundzwanzig*
- 26 *sechsundzwanzig*
- 27 *siebenundzwanzig*
- 28 *achtundzwanzig*
- 29 *neunundzwanzig*

## Las decenas

- 20 *zwanzig*
- 30 *dreißig*
- 40 *vierzig*
- 50 *fünfzig*
- 60 *sechzig*
- 70 *siebzig*
- 80 *achtzig*
- 90 *neunzig*

## Las centenas

100 *hundert, einhundert*
200 *zweihundert*
300 *dreihundert*
400 *vierhundert*
500 *fünfhundert*
600 *sechshundert*
700 *siebenhundert*
800 *achthundert*
900 *neunhundert*

## Los millares

1000 *tausend, eintausend*
1001 *tausendeins, eintausendeins*
1100 *tausendeinhundert*
1101 *tausendeinhunderteins*
2000 *zweitausend*
10000 *zehntausend*
100000 *hunderttausend*
1000000 *eine Million*

En los números compuestos superiores a 12, a diferencia del español y al igual que en inglés, en alemán se leen en primer lugar las unidades y luego las decenas: *dreizehn, neunzehn*, etc.

Las decenas se componen con la unidad más *-zig*: *vierzig, fünfzig*.

Del 21 al 99, entre la unidad y la decena se inserta *und*:

21 *einundzwanzig*
32 *zweiunddreißig*
43 *dreiundvierzig*
54 *vierundfünfzig*

65 *fünfundsechzig*
76 *sechsundsiebzig*
87 *siebenundachtzig*
98 *achtundneunzig*

## Algunas excepciones

- *Eins* usado junto con las decenas pierde la *-s* final: 21 se dice *einundzwanzig*, pero 101 es *hunderteins*.
- 3 es *drei*, pero 30 es *dreißig*.
- 6 es *sechs* y 600, *sechshundert*, pero 16 es *sechzehn* y 60, *sechzig*.
- 7 es *sieben* y 700, *siebenhundert*, pero 17 es *siebzehn* y 70, *siebzig*.
- Entre las centenas y las decenas, así como entre las centenas y la unidad, no se inserta *und*.

## Adjetivos numerales ordinales

| | |
|---|---|
| *erste* | primero |
| *zweite* | segundo |
| *dritte* | tercero |
| *vierte* | cuarto |
| *fünfte* | quinto |
| *sechste* | sexto |
| *siebte* | séptimo |
| *achte* | octavo |
| *neunte* | noveno |
| *zehnte* | décimo |
| *elfte* | undécimo |
| *zwölfte* | duodécimo |
| *dreizehnte* | decimotercero |
| *vierzehnte* | decimocuarto |
| *fünfzehnte* | decimoquinto |
| *sechzehnte* | decimosexto |
| *siebzehnte* | decimoséptimo |
| *achtzehnte* | decimoctavo |
| *neunzehnte* | decimonoveno |
| *zwanzigste* | vigésimo |
| *hundertste* | centésimo |

| | |
|---|---|
| *tausendste* | milésimo |
| *zehntausendste* | diezmilésimo |
| *millionste* | millonésimo |

Los números ordinales del 2 al 19 adoptan la desinencia *-te*, mientras que a partir del número 20 adoptan la desinencia *-ste*.

Los ordinales se declinan como los artículos, por lo que adoptan las desinencias según el caso.

| | |
|---|---|
| **Masculino** | *der erste* (el primero) |
| | *der zweite* (el segundo) |
| | *der dritte* (el tercero) |
| | *der vierte* (el cuarto) |
| **Femenino** | *die erste* (la primera) |
| **Neutro** | *das erste* (el primero, neutro) |

Se añade la desinencia correspondiente, según la declinación de los adjetivos.

*Ej.: Ich sehe einen dritten Mann* (acusativo).
Veo un tercer hombre.

*Ich kaufe ein viertes Buch* (acusativo).
Compro un cuarto libro.

Para indicar los sucesivos reyes, papas, etc., se emplean los números ordinales precedidos del artículo determinado, que debe leerse siempre, aunque no esté escrito.

*Ej.: Karl V – Karl der Fünfte*
Carlos V (quinto)
*Friedrich I – Friedrich der Erste*
Federico I (primero)

Escritos en cifras, los números ordinales van seguidos de un punto: *am 7.10.1997* (que se suele leer: *am siebten zehnten neunzehnhundertsiebenund-neunzig*, o bien, más correctamente, *am siebten Oktober neunzehnhundert-siebenundneunzig*).

## Fracciones

Para indicar las fracciones, se añade a los números cardinales *-tel*, hasta el 19, y del 20 en adelante, *-stel*.

*Ej.: ein Viertel*     un cuarto
     *ein Zwanzigstel*     un veinteavo
     *ein Hundertstel*     un centésimo

# Contracción de artículo más preposición

Algunas preposiciones suelen fusionarse con el artículo (en dativo o en acusativo) del sustantivo al que preceden, dando así lugar a una contracción.
Algunas de las más empleadas son:

— *am (an + dem)*

 *Ej.: Heidelberg liegt am Neckar.*
 Heidelberg está cerca de Neckar.

— *ins (in + das)*

 *Ej.: Bernard muss oft ins Ausland fahren.*
 Bernardo debe viajar a menudo al extranjero.

— *zur (zu + der)*

 *Ej.: Diese Strasse führt zur Universität.*
 Esta calle lleva a la universidad.

— *zum (zu + dem)*

*Ej.: Geht ihr zum Bahnhof?*
   ¿Vais a la estación?

— *beim (bei + dem)*

*Ej.: Er hat lange beim Theater gearbeitet.*
   Él ha trabajado durante mucho tiempo en el teatro.

— *vom (von + dem)*

*Ej.: Wir kamen vom Anfang an gut mit.*
   Nos llevamos bien desde el principio.

— *im (in + dem)*

*Ej.: Sie sassen lange im Restaurant.*
   Estuvieron mucho tiempo en el restaurante.

# Préstamos y palabras extranjeras en alemán

El alemán está muy influenciado por las lenguas extranjeras a causa de la migración, la ocupación, los países limítrofes y las diferentes influencias culturales. Los *Lehnwörter* (préstamos), en particular del latín, pero también del celta, se han transformado a la perfección en palabras aparentemente alemanas en lo que concierne a las declinaciones, etcétera.

Del latín derivan muchas voces relacionadas con la agricultura, el comercio, la construcción, la Iglesia y la vida eclesiástica: *das Tor* (la puerta), *die Mauer* (el muro), *die Straße* (la calle), *der Wein* (el vino), *die Kirche* (la iglesia) o *der Altar* (el altar).

Más adelante, se observa la influencia de la literatura y la cocina francesas, que ejercen una fascinación particular en el pueblo europeo: *Manier* (manera), *Palast* (palacio).

Durante el Renacimiento, el alemán tomó préstamos sobre todo del latín; en ese periodo, penetraron en la lengua vocablos relacionados con la política, como *Monarchie* (monarquía), *Demokratie* (democracia) o *Senat* (senado).

En el periodo de la guerra de los Treinta Años, en cambio, se observa una fuerte aportación de palabras italianas y francesas; el alemán era despreciado hasta el punto de ser considerado la lengua de los mozos de cuadra, ¡que hablaban con los caballos!

La lengua de la diplomacia, de la corte y de la sociedad elegante era la francesa. Algunas de las palabras que «entraron» en uso durante ese periodo fueron: *Dame* (dama), *Mode* (moda), *Onkel* (tío), *Tante* (tía), *galant* (galante), *Kavalier* (caballero), *Parade* (parada), *Kaserne* (cuartel), *Armee* (armada), *Offizier* (oficial), *General* (general), *Major* (mayor), etcétera.

Las palabras que derivan del griego clásico merecen un capítulo aparte, ya que tienen una ortografía particular, modificada en gran parte por la reforma ortográfica del año 1996: *das Theater* (el teatro), *die Philosophie* (la filosofía), *die Geographie*, ahora *Geografie* (la geografía), *die Photographie*, ahora *Fotografie* (la fotografía), *die Arthrosis* (la artrosis), *die Kardiologie* (la cardiología), *die Chemie* (la química), etc. La lista es larguísima.

En el alemán moderno, las voces extranjeras no se modifican en exceso. Se trata, por consiguiente, de *Fremdwörter* (palabras extranjeras).

En el campo de la música y del comercio encontramos principalmente vocablos italianos: *Oper* (ópera), *Violine* (violín), *Arie* (aria); *Bank* (banca), *Kredit* (crédito).

Una curiosidad: la raíz de la palabra *Börse* (bolsa) procede nada menos que del griego, del latín y del francés.

Actualmente, la lengua alemana está muy influenciada por el inglés.

Las palabras son en parte *eingedeutscht* («alemanizadas»), como por ejemplo *managen* (*to manage*, gestionar), verbo que se conjuga como un verbo débil. Otros vocablos, en cambio, no se modifican con respecto a la lengua extranjera: *das Fax* (fax), *die Email* (e-mail, correo electrónico), *der Job* (trabajo).

## Ejemplos con neologismos

*Ich mache nur meinen Job.*
Yo sólo hago mi trabajo.

*Ich arbeite im Webmarketing.*
Trabajo en *webmarqueting*.

*Die Seitenoptimierung ist nicht gut.*
La optimización de las páginas no es buena.

*Die besten Flash Animationen.*
La mejor animación *flash*.

*Die 1000 coolsten Surftipps.*
Los 1000 consejos más adecuados para navegar por internet.

## Nuevas reglas: préstamos

De acuerdo con las nuevas reglas ortográficas, algunos prestamos lingüísticos se escriben de un modo más parecido al alemán. Es el caso, especialmente, de los sufijos *-graph, -phon* y *-phot*, que actualmente se escriben *-graf, -fon* y *-fot*.

# La lengua literaria, la lengua hablada y los dialectos

Paralelas a la lengua oficial y literaria, denominada *Hochdeutsch* (alto alemán), que también es la lengua del teatro clásico, en Alemania hay numerosos dialectos. La lengua unitaria sólo existe en la escritura. En los dialectos, la pronunciación, la acentuación, el léxico y la sintaxis pueden variar considerablemente. Difícilmente un montaraz de la región de Baviera y un agricultor de Schleswig-Holstein, que habla en Platt (un dialecto holandés), se entenderán.

En la Alemania septentrional, por ejemplo, se dice *Sonnabend* (sábado) y en la región meridional, *Samstag* (sábado). En el norte, se dice *Fleischer* (carnicero) y en el sur, *Metzger* (carnicero), etc. Naturalmente, también hay notables diferencias entre el alemán hablado en Suiza y el de Austria.

El dialecto, que es el lenguaje más vivo, espontáneo y rico, del que deriva la *Hochsprache* (lengua alta), está siempre más reprimido, en particular a causa de la influencia de los medios de comunicación, como la televisión.

En la lengua hablada *(Umgangssprache)* raramente se emplean el genitivo sajón, el imperfecto y el subjuntivo. Se prefieren formas menos solemnes (pretérito perfecto en vez del imperfecto, subjuntivo con *würden*).

También existen la *Jägersprache* (el lenguaje de los cazadores), la *Seemannssprache* (el lenguaje de los marineros), la *Ganovensprache* (el lenguaje de los disolutos), el lenguaje informático, con muchísimos anglicismos, y últimamente ha «nacido» el *Kanaken*, el alemán (erróneo) de los jóvenes turcos.

# El discurso indirecto

Con el discurso indirecto se hace referencia a un hecho presentándolo no como real, sino como referido, es decir, sólo como posible. Por lo tanto, se usan los modos de la posibilidad, es decir, el presente u otros tiempos del subjuntivo sin tener presente el tiempo de la oración principal.

Contrariamente al español, el alemán no respeta la concordancia de los tiempos entre la oración principal y la subordinada. Esta última viene introducida por la conjunción *dass* (que), que se puede omitir en los siguientes casos:

- En el presente de subjuntivo.

  Ej.: *Er erzählte uns, dass er sehr krank sei. / Er erzählte uns, er sei sehr krank.*
  Él nos contó que estuvo muy enfermo.

- En el pretérito perfecto.

  Ej.: *In der Zeitung stand, der Stiftung habe es an Geld gefehlt.*
  El periódico decía que a la fundación le ha faltado dinero.

- En el futuro.

    *Ej.: Er sagte, er werde in den nächsten Tagen abreisen.*
    Dijo que partiría en unos días.

- En el imperativo.

    *Ej.: Sie rief mich an, ich solle ihr sofort die Fahrkarte besorgen.*
    Me telefoneó para que le llevara inmediatamente el billete.

- En la oración interrogativa indirecta.

    *Ej.: Der Reisende fragte uns, ob wir die genaue Uhrzeit wüssten.*
    El viajero nos preguntó si sabíamos la hora exacta.

*Atención:* Las construcciones de posibilidad (presente, pretérito perfecto, futuro de subjuntivo), al igual que las del indicativo (realidad), son sustituidas por las de irrealidad (imperfecto, pluscuamperfecto de subjuntivo, condicional) para distinguir el subjuntivo del indicativo y para aclarar que se trata de un discurso indirecto.

Lo importante no es la concordancia de los tiempos, sino la posibilidad de distinguir claramente el subjuntivo (posibilidad) del indicativo (realidad); por eso en alemán los verbos pueden estar en tiempos distintos.

*Ej.: Sie benachrichtigen uns, sie seien unterwegs.*
Nos dicen que están de viaje.

*Sie benachrichtigten uns, sie seien unterwegs.*
Nos decían que estaban de viaje.

*Sie haben uns benachrichtigt, sie seien unterwegs.*
Nos dijeron que estaban de viaje.

En el discurso indirecto, la oración principal y la subordinada están separadas por una coma, mientras que en el discurso directo esta última debe ir entre comillas:

- Discurso directo.

    *Ej.: Wir sagten: "Am Montag haben wir Zeit für einen Termin".*
    Dijimos: «El lunes tenemos tiempo para una cita».

- Discurso indirecto.

    *Ej.: Wir sagten, am Montag hätten wir Zeit für einen Termin.*
    Dijimos que el lunes tendríamos tiempo para una cita.

# Anexos

## Formación de sustantivos

En alemán, los sustantivos se forman también añadiendo un sufijo a otro sustantivo, un verbo o un adjetivo.

*Recuerde:* Los principales sufijos son: *-ung, -keit (-heit), -e, -schaft, -lein* y *-chen* e *-ion*.

### El sufijo *-ung*

Con el sufijo *-ung* se forman sustantivos femeninos a partir de verbos.

| *Verbo* | *Sustantivo femenino* |
|---|---|
| bedienen (servir) | Bedienung (servicio) |
| prüfen (examinar) | Prüfung (examen) |
| verteilen (distribuir) | Verteilung (distribución) |
| üben (ejercer) | Übung (ejercicio) |
| werben (hacer publicidad) | Werbung (publicidad) |
| reservieren (reservar) | Reservierung (reserva) |
| beschreiben (describir) | Beschreibung (descripción) |
| erklären (explicar) | Erklärung (explicación) |
| beteiligen (participar) | Beteiligung (participación) |

# El sufijo -keit (-heit)

Con el sufijo *-keit (-heit)* se forman sustantivos femeninos a partir de adjetivos.

El sufijo *-keit* aparece tras los sufijos *-bar, -ig, -lich, -sam* y a menudo también después de los adjetivos acabados en *-el, -er*.

| Adjetivo | Sustantivo femenino |
|---|---|
| *verfügbar* (disponible) | *Verfügbarkeit* (disponibilidad) |
| *dankbar* (grato) | *Dankbarkeit* (gratitud) |
| *abhängig* (dependiente) | *Abhängigkeit* (dependencia) |
| *traurig* (triste) | *Traurigkeit* (tristeza) |
| *freundlich* (amable) | *Freundlichkeit* (amabilidad) |
| *höflich* (cortés) | *Höflichkeit* (cortesía) |
| *ehrlich* (honesto) | *Ehrlichkeit* (honestidad) |
| *persönlich* (personal) | *Persönlichkeit* (personalidad) |
| *gefährlich* (peligroso) | *Gefährlichkeit* (peligrosidad) |
| *öffentlich* (público) | *Öffentlichkeit* (público) |
| *langsam* (lento) | *Langsamkeit* (lentitud) |
| *genügsam* (sobrio) | *Genügsamkeit* (sobriedad) |
| *sicher* (seguro) | *Sicherheit* (seguridad) |
| *unsicher* (incierto) | *Unsicherheit* (incertidumbre) |
| *wahr* (verdadero) | *Wahrheit* (verdad) |
| *klar* (claro) | *Klarheit* (claridad) |

# El sufijo -e

Asimismo, con el sufijo -e se forman sustantivos femeninos a partir de adjetivos.

Si la vocal lo permite, estos sustantivos toman la *Umlaut* en la vocal temática de la raíz.

| Adjetivo | Sustantivo femenino |
|---|---|
| weit (ancho) | Weite (anchura) |
| hart (duro) | Härte (dureza) |
| lang (largo) | Länge (longitud) |
| groß (grande) | Größe (grandeza) |
| hoch (alto) | Höhe (altura) |
| kurz (breve, corto) | Kürze (brevedad) |

## El sufijo *-schaft*

Con el sufijo *-schaft* se forman sustantivos femeninos colectivos, o bien referentes a instituciones o conceptos abstractos o concretos.

| Sustantivo | Sustantivo femenino colectivo |
|---|---|
| der Einwohner (habitante) | die Einwohnerschaft (habitantes, población) |
| die Eltern (padres) | die Elternschaft ([conjunto de los] padres) |
| der Genosse (compañero) | die Genossenschaft (cooperativa, consorcio) |
| der Lehrer (profesor) | die Lehrerschaft (cuerpo docente) |
| der Kunde (cliente) | die Kundschaft (clientela) |
| der Verwandte (pariente) | die Verwandtschaft (parentela) |
| der Nachbar (vecino) | die Nachbarschaft (vecindario) |
| der Mann (hombre) | die Mannschaft (humanidad) |

| Sustantivo | Sustantivo femenino referente a una institución |
|---|---|
| der Staatsanwalt (fiscal del Estado) | die Staatsanwaltschaft (fiscalía del Estado) |

| Sustantivo | Sustantivo femenino con denotación abstracta |
|---|---|
| *das Wissen* (conocimiento) | *die Wissenschaft* (ciencia) |
| *der Kamerad* (compañero) | *die Kameradschaft* (camaradería) |
| *der Freund* (amigo) | *die Freundschaft* (amistad) |

| Sustantivo | Sustantivo femenino con denotación concreta |
|---|---|
| *der Gastwirt* (hostelero) | *die Gastwirtschaft* (casa de comidas, restaurante) |
| *der Landwirt* (agricultor) | *die Landwirtschaft* (agricultura) |

## Los sufijos *-lein* y *-chen*

Con los sufijos *-lein* y *-chen* se forman diminutivos de género neutro a partir de un sustantivo. Si la vocal lo permite, estos diminutivos toman la *Umlaut* en la vocal temática de la raíz.

| Sustantivo | Diminutivo neutro |
|---|---|
| *das Buch* (libro) | *das Büchlein* (librito) |
| *die Frau* (señora) | *das Fräulein* (señorita) |
| *der Hut* (sombrero) | *das Hütchen* (sombrerito) |
| *der Bub* (muchacho) | *das Bübchen* (muchachito) |
| *der Tisch* (mesa) | *das Tischchen* (mesita) |
| *die Puppe* (muñeca) | *das Püppchen* (muñequita) |

*Recuerde: das Mädchen* significa «la muchacha».

## El sufijo *-ion*

Con el sufijo *-ion* se forman sustantivos femeninos a partir de verbos.

| Verbo | Sustantivo femenino |
|---|---|
| *organisieren* (organizar) | *Organisation* (organización) |
| *diskutieren* (discutir) | *Diskussion* (discusión) |
| *konstruieren* (construir) | *Konstruktion* (construcción) |
| *produzieren* (producir) | *Produktion* (producción) |

## Sustantivos especiales

Algunos sustantivos sólo tienen la forma del singular o la del plural.

Únicamente tienen singular:

— Los nombres de alimentos.

*Ej.: das Eis*    *die Salami*    *der Whisky*
   el helado   el salchichón   el whisky

— Los nombres colectivos.

*Ej.: das Gepäck*     el equipaje
   *das Publikum*     el público
   *die Bedienung*    el personal
   *die Polizei*      la policía
   *die Bevölkerung*  la población

— Los sustantivos abstractos.

*Ej.: der Durst*      la sed
   *der Verkehr*      el tráfico
   *der Lärm*         el ruido
   *die Erholung*     el descanso
   *der Hunger*       el hambre
   *das Wetter*       el tiempo atmosférico
   *der Bedarf*       la necesidad

— Los infinitivos sustantivados (*das* + infinitivo).

*Ej.:*   *das Rauchen*    *das Skifahren*
       el fumar          el esquí

Únicamente tienen plural:

— Algunas denominaciones geográficas.

*Ej.:*  *die Alpen*    *die USA*    *die Niederlande*
      los Alpes    los EE. UU.    los Países Bajos

— Nombres que aluden a grupos de personas.

*Ej.:*  *die Leute*      *die Eltern*
      la gente       los padres

— Otros sustantivos.

*Ej.:*  *die Ferien*      *die Papiere*
      las vacaciones    los documentos

*Die Kinder machen viel Lärm.*
Los niños hacen mucho ruido.

*Bald beginnen die Weihnachtsferien.*
En breve empezarán las fiestas de Navidad.

*Alte Möbel sin oft teurer als neue.*
A menudo, los muebles antiguos son más caros que los nuevos.

*Herr Müller benötigte die Unterlagen für die Besprechung.*
El señor Müller necesitaba los informes para la entrevista.

*Soll ich das Gepäck hinauftragen lassen?*
¿Mando subir el equipaje?

## Formación de adjetivos

Se pueden formar adjetivos añadiendo a algunos sustantivos o verbos las desinencias *-lich, -isch, -ig, -bar, -mäßig, -haft.*

### El sufijo *-lich*

| Sustantivo | Adjetivo |
|---|---|
| *der Mensch* (hombre) | *menschlich* (humano) |
| *die Tatsache* (hecho) | *tatsächlich* (de hecho, realmente) |
| *die Stunde* (hora) | *stündlich* (a todas horas) |
| *der Tag* (día) | *täglich* (diario, cotidiano) |
| *die Woche* (semana) | *wöchentlich* (semanal) |
| *das Jahr* (año) | *jährlich* (anual) |

Nótese que, si el sustantivo termina en -e, el adjetivo pierde la -e final.

| Verbo | Adjetivo |
|---|---|
| *vermuten* (presumir, suponer) | *vermutlich* (presunto, probable) |
| *erben* (heredar) | *erblich* (hereditario) |
| *erdenken* (imaginar) | *erdenklich* (imaginable) |

### El sufijo *-isch*

| Sustantivo | Adjetivo |
|---|---|
| *die Demokratie* (democracia) | *demokratisch* (democrático) |
| *die Bürokratie* (burocracia) | *bürokratisch* (burocrático) |
| *die Politik* (política) | *politisch* (político) |

En la formación de los adjetivos en -*isch*, los sustantivos que terminan en -*e*, -*ie*, -*ik* pierden estas desinencias.

## El sufijo -*ig*

| Sustantivo | Adjetivo |
| --- | --- |
| der Durst (sed) | durstig (sediento) |
| der Hunger (hambre) | hungrig (hambriento) |
| die Ruhe (tranquilidad) | ruhig (tranquilo) |

Los sustantivos que acaban en -e pierden la -e final.

## El sufijo -*bar*

| Verbo | Adjetivo |
| --- | --- |
| essen (comer) | essbar (comestible) |
| lesen (leer) | lesbar (legible) |
| erkennen (reconocer) | erkennbar (reconocible) |

## El sufijo -*mäßig*

Con la desinencia -*mäßig* se forman adjetivos a partir de sustantivos. En algunos casos se inserta la letra s entre el nombre y -*mäßig*.

| Sustantivo | Adjetivo |
| --- | --- |
| die Regel (regla) | regelmäßig (regular) |
| die Ordnung (orden, reglamento) | ordnungsmäßig (regular) |
| die Vorschrift (norma, prescripción)˘ | vorschriftsmäßig (conforme a las disposiciones) |

## El sufijo -*haft*

Con la desinencia -*haft* se crean adjetivos a partir de sustantivos. En algunos casos se introduce la letra *n* entre el sustantivo y la desinencia -*haft*.

| Sustantivo | Adjetivo |
|---|---|
| der Name (nombre) | namhaft (notable, importante) |
| der Glaube (fe) | glaubhaft (creíble) |
| der Zauber (magia) | zauberhaft (mágico, encantado) |
| das Märchen (cuento) | märchenhaft (fabuloso) |
| das Beispiel (ejemplo) | beispielhaft (ejemplar) |
| der Ernst (seriedad) | ernsthaft (serio) |
| der Fehler (defecto, error) | fehlerhaft (defectuoso, erróneo) |
| das Rätsel (enigma, misterio) | rätselhaft (enigmático, misterioso) |
| der Zweifel (duda) | zweifelhaft (dudoso) |
| die Dauer (duración) | dauerhaft (duradero) |
| der Mangel (falta, defecto) | mangelhaft (falto de, defectuoso) |
| der Vorteil (ventaja) | vorteilhaft (ventajoso) |
| die Masse(n) (masa) | massenhaft (masivo, en gran cantidad) |
| die Sage(n) (leyenda, fábula) | sagenhaft (fabuloso) |

## Adjetivos compuestos

Además de los adjetivos atributivos y predicativos, el alemán emplea adjetivos compuestos:

— Dos adjetivos.

*Ej.: alt + klug = altklug* (sabiondo)

— Un sustantivo y un adjetivo.

*Ej.: Blitz + schnell = blitzschnell* (fulminante)
*Wunder + schön = wunderschön* (maravilloso)

— Un verbo y un adjetivo.

*Ej.: lernen + begierig = lernbegierig* (deseoso de aprender)

— Un sustantivo y un participio.

*Ej.: Zeit + raubend = zeitraubend* (que requiere mucho tiempo)

— Un adverbio y un participio.

*Ej.: neu + geboren = neugeboren* (neonato)

## Formación de adverbios

Con la desinencia *-weise* —*die Weise* (el modo)— se forman algunos adverbios. Esta desinencia se añade a los siguientes tipos de palabra:

• Un sustantivo (con la inserción de una *s*, una *e* o bien *en* entre el sustantivo y la desinencia).

| *Sustantivo* | *Adverbio* |
|---|---|
| der Schritt (paso) | schrittweise (paso a paso) |
| die Hilfe (ayuda) | hilfsweise (auxiliar) |
| der Versuch (experimento) | versuchsweise (en fase de experimentación) |
| das Beispiel (ejemplo) | beispielsweise (por ejemplo, a modo de ejemplo) |
| der Vergleich (comparación) | vergleichsweise (en comparación) |
| der Vorzug (preferencia) | vorzugsweise (preferentemente) |
| der Tag (día) | tageweise (diariamente) |
| die Woche (semana) | wochenweise (semanalmente) |
| die Stunde (hora) | stundenweise (a horas) |
| die Ausnahme (excepción) | ausnahmsweise (excepcionalmente) |

- Un adjetivo (con la inserción de *er*).

| Adjetivo | Adverbio |
|---|---|
| *freundlich* (amable) | *freundlicherweise* (amablemente) |
| *nett* (gentil) | *netterweise* (gentilmente) |
| *höflich* (cortés) | *höflicherweise* (cortésmente) |
| *möglich* (posible) | *möglicherweise* (posiblemente) |

- El tema del presente de un verbo (raramente).

| Verbo | Adverbio |
|---|---|
| *leihen* (prestar) | *leihweise* (en préstamo) |
| *wechseln* (cambiar) | *wechselweise* (alternativamente, por turno) |

## Nombres geográficos

La mayor parte de los nombres geográficos tienen género neutro y carecen de artículo. El complemento de movimiento hacia un lugar se expresa con la preposición *nach* y el complemento de estancia en un lugar, con *in*.

Ej.: *Italien liegt in Südeuropa.*
   Italia se halla en el sur de Europa.

   *Düsseldorf liegt in Deutschland.*
   Düsseldorf se halla en Alemania.

   *Wir fahren nach England.*
   Vamos a Inglaterra.

Si, por el contrario, el nombre neutro aparece acompañado por un adjetivo o un complemento que lo define, entonces llevará artículo, y el complemento de movimiento hacia un lugar se expresará con la preposición *in*.

*Ej.: Viele Touristen kommen in das sonnige Italien.*
Muchos turistas viajan a la soleada Italia.

Los nombres de países pueden ser femeninos —*die Türkei* (Turquía), *die Schweiz* (Suiza)—, masculinos —*der Libanon* (Líbano)— o plurales —*die Niederlande* (Países Bajos), *die Vereinigten Staaten* (los Estados Unidos)—; en este caso se usan siempre con el artículo, y el complemento de movimiento hacia un lugar se expresa con la preposición *in*.

La mayor parte de los gentilicios terminan en *-er* o bien en *-e*.

*Der Deutsche*, en cambio, es un adjetivo sustantivado, por lo que se emplearán las siguientes formas: *die Deutsche, die Deutschen, ein Deutscher, eine Deutsche*, etc.

Los nombres que aluden a una lengua y los adjetivos derivados de nombres geográficos terminan con el sufijo *-isch* (a excepción de *Deutsch, deutsch*).

|  | *País* | *Gentilicio* | *Adjetivo* |
|---|---|---|---|
| Afganistán | *Afghanistan* | *der Afghane, -in* | *afghanisch* |
| África | *Afrika* | *der Afrikaner, -in* | *afrikanisch* |
| Albania | *Albanien* | *der Albaner, -in* | *albanisch* |
| Alemania | *Deutschland* | *der/die Deutsche* | *deutsch* |
| América | *Amerika* | *der Amerikaner, -in* | *amerikanisch* |
| Argelia | *Algerien* | *der Algerier, -in* | *algerisch* |
| Argentina | *Argentinien* | *der Argentinier, -in* | *argentinisch* |
| Asia | *Asien* | *der Asiate, -in* | *asiatisch* |
| Australia | *Australien* | *der Australier, -in* | *australisch* |
| Austria | *Österreich* | *der Österreicher, -in* | *österreichisch* |

|  | *País* | *Gentilicio* | *Adjetivo* |
|---|---|---|---|
| Bélgica | Belgien | der Belgier,-in | belgisch |
| Bulgaria | Bulgarien | der Bulgare, -in | bulgarisch |
| Canadá | Kanada | der Kanadier, -in | kanadisch |
| China | China | der Chinese, -in | chinesisch |
| Chipre | Zypern | der Zypr(i)er, -in | zyprisch |
| Corea | Korea | der Koreaner, -in | koreanisch |
| Croacia | Kroatien | der Kroate, -in | kroatisch |
| Cuba | Kuba | der Kubaner, -in | kubanisch |
| Dinamarca | Dänemark | der Däne, -in | dänisc |
| Egipto | Ägypten | der Ägypter, -in | ägyptisch |
| Escocia | Schottland | der Schotte, -in | schottisch |
| Eslovaquia | die Slowakei | der Slowake, -in | slowakisch |
| Eslovenia | Slowenien | der Slowene, -in | slowenisch |
| España | Spanien | der Spanier, -in | spanisch |
| Etiopía | Äthiopien | der Äthiopier, -in | äthiopisch |
| Europa | Europa | der Europäer, -in | europäisch |
| Finlandia | Finnland | der Finne, -in | finnisch |
| Francia | Frankreich | der Franzose, -¨in | französisch |
| Gran Bretaña | Großbritannien | der Brite, -in | britisch |
| Grecia | Griechenland | der Grieche, -in | griechisch |
| Holanda | Holland | der Holländer, -in | holländisch |
| Hungría | Ungarn | der Ungar, -in | ungarisch |
| India | Indien | der Inder, -in | indisch |
| Indonesia | Indonesien | der Indonesier, -in | indonesisch |
| Inglaterra | England | der Engländer, -in | englisch |
| Irak | der Irak | der Iraker, -in | irakisch |
| Irán | der Iran | der Iraner, -in | iranisch |
| Irlanda | Irland | der Ire, -in | irisch |
| Israel | Israel | der Israeli, -n | israelisch |
| Italia | Italien | der Italiener, -in | italienisch |
| Japón | Japan | der Japaner, -in | japanisch |
| Líbano | der Libanon | der Libanese, -in | libanesisch |
| Lituania | Litauen | der Litaue, -in | litauisch |

| País | | Gentilicio | Adjetivo |
|---|---|---|---|
| Luxemburgo | Luxemburg | der Luxemburger, -in | luxemburgisch |
| Marruecos | Marokko | der Marokkaner, -in | marokkanisch |
| México | Mexiko | der Mexikaner, -in | mexikanisch |
| Países Bajos | die Niederlande | der Niederländer, -in | niederländisch |
| Palestina | Palästina | der Palästinenser, -in | palästinensisch |
| Polonia | Polen | der Pole, -in | polnisch |
| Portugal | Portugal | der Portugiese, -in | portugiesisch |
| Rusia | Russland | der Russe, -in | russisch |
| Serbia | Serbien | der Serbe, -in | serbisch |
| Suecia | Schweden | der Schwede, -in | schwedisch |
| Suiza | die Schweiz | der Schweizer, -in | schweizerisch |
| Turquía | die Türkei | der Türke, -in | türkisch |
| Vietnam | Vietnam | der Vietnamese, -in | vietnamesisch |

Cuando el adjetivo se utiliza para nombrar la lengua, deberá escribirse con la letra inicial en mayúscula.

*Ej.: Er spricht Deutsch.*
  Él habla alemán.

  *Er lernt Spanisch.*
  Él aprende español.

Para los sustantivos que presenten las desinencias *-er* y *-e*, el femenino se formará añadiendo el sufijo *-in*: *der Engländer, die Engländerin; der Ire, die Irin*.

*Ej.: Herr Martín ist Spanier und Herr Müller ist Deutscher.*
  El señor Martín es español y el señor Müller es alemán.

  *Maria ist Italienerin und Mary ist Irin.*
  María es italiana y Mary es irlandesa.

# Nombres de ciudad

Para formar el gentilicio de cada ciudad, basta con añadir la desinencia -er a su nombre. Sin embargo, el adjetivo resultante es indeclinable: *die Mailänder Mode* (moda de Milán), *Frankfurter Würstchen* (salchicha de Fráncfort).

|  | *Ciudad* | *Gentilicio* |
|---|---|---|
| Aquisgrán | *Aachen* | *Aachener* |
| Augsburgo | *Augsburg* | *Augsburger* |
| Berlín | *Berlin* | *Berliner* |
| Bonn | *Bonn* | *Bonner* |
| Bremen | *Bremen* | *Bremer* |
| Colonia | *Köln* | *Kölner/Kölsch/Kölnisch* |
| Constanza | *Konstanz* | *Konstanzer* |
| Dortmund | *Dortmund* | *Dortmunder* |
| Dresde | *Dresden* | *Dresd(e)ner* |
| Düsseldorf | *Düsseldorf* | *Düsseldorfer* |
| Essen | *Essen* | *Essener* |
| Fráncfort | *Frankfurt* | *Frankfurter* |
| Friburgo | *Freiburg* | *Freiburger* |
| Hamburgo | *Hamburg* | *Hamburger* |
| Hannover | *Hannover* | *Hannoverscher* |
| Jena | *Jena* | *Jenaer* |
| Kiel | *Kiel* | *Kieler* |
| Leipzig | *Leipzig* | *Leipziger* |
| Lübeck | *Lübeck* | *Lübecker* |
| Maguncia | *Mainz* | *Mainzer* |
| Mannheim | *Mannheim* | *Mannheimer* |
| Múnich | *München* | *Münchner* |
| Núremberg | *Nürnberg* | *Nürnberger* |
| Rostock | *Rostock* | *Rostocker* |
| Stuttgart | *Stuttgart* | *Stuttgarter* |
| Tubinga | *Tübingen* | *Tübinger* |
| Zwickau | *Zwickau* | *Zwickauer* |

Los nombres de los 16 *Bundesländer* (estados) alemanes son los siguientes:

| Estado confederado | Capital |
| --- | --- |
| Baden-Württemberg | Stuttgart |
| Bayern | München |
| Berlin | Berlin |
| Brandenburg | Potsdam |
| Bremen | Bremen |
| Hamburg | Hamburg |
| Hessen | Wiesbaden |
| Mecklenburg-Vorpommern | Schwerin |
| Niedersachsen | Hannover |
| Nordrhein-Westfalen | Düsseldorf |
| Rheinland-Pfalz | Mainz |
| Saarland | Saarbrücken |
| Sachsen | Dresden |
| Sachsen-Anhalt | Magdeburg |
| Schleswig-Holstein | Kiel |
| Thüringen | Erfurt |

# Falsos amigos

Son palabras que pueden escribirse o pronunciarse parecidas en dos idiomas, pero que, en realidad, significan cosas diferentes, debido a sus distintas etimologías, o bien a que el significado original se corrompió en una de ellas con el transcurso de los siglos. A continuación se presenta una lista de falsos amigos del alemán. En esta relación encontrará, en primer lugar, el término en español, seguido de su correcta traducción al alemán; a continuación, el término alemán que podría llevarnos a confusión por su pronunciación parecida, y, finalmente, el significado correcto de este último término.

| *Término español* | *En alemán se dice...* | *Falso amigo* | *Significa* |
| --- | --- | --- | --- |
| acto | *Tat* | *Akt* | desnudo |
| ambulante | *wandernd* | *ambulant* | ambulatorio |
| aportar | *einbringen* | *apportieren* | traer |
| bala | *Kugel* | *Ball* | balón |
| brocha | *pinsel* | *Brosche* | broche |
| codo | *Ellenbogen* | *Code* | código |
| desierto | *Wüste* | *Dessert* | postre |
| flauta | *Flöte* | *Flaute* | calma |
| fuga | *Flucht* | *Fuge* | junta |
| gimnasta | *Athlet* | *Gymnasiast* | estudiante de bachillerato |
| grifo | *Wasserhahn* | *Griff* | asa |
| regalo | *Geschenk* | *Regal* | estantería |
| saco | *Sack* | *Sakko* | chaqueta |
| secreto | *Geheimnis* | *Sekret* | secreción |
| talla | *Körpergröße* | *Taille* | cintura |

www.ingramcontent.com/pod-product-compliance
Lightning Source LLC
Chambersburg PA
CBHW060210050426
42446CB00013B/3040